Soy un insecto

Roque Iñiguez
ilustrado por Akemi Gutiérrez

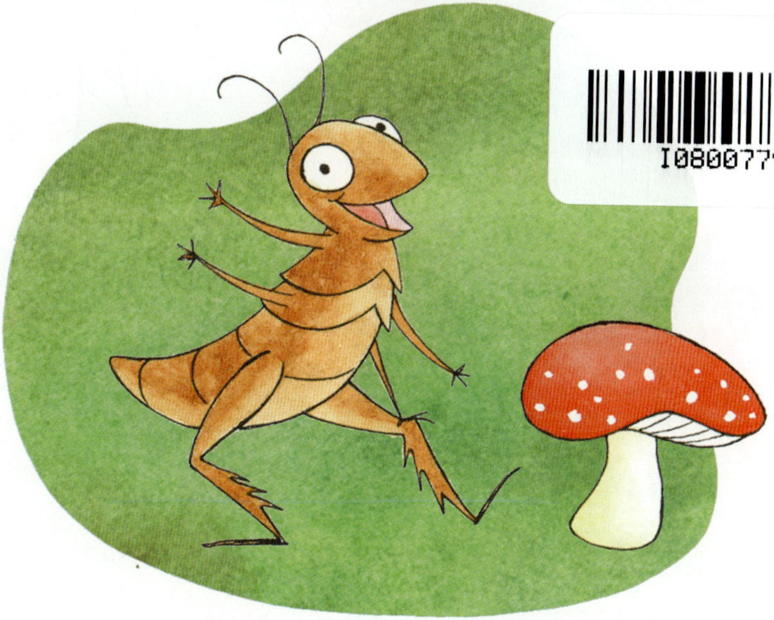

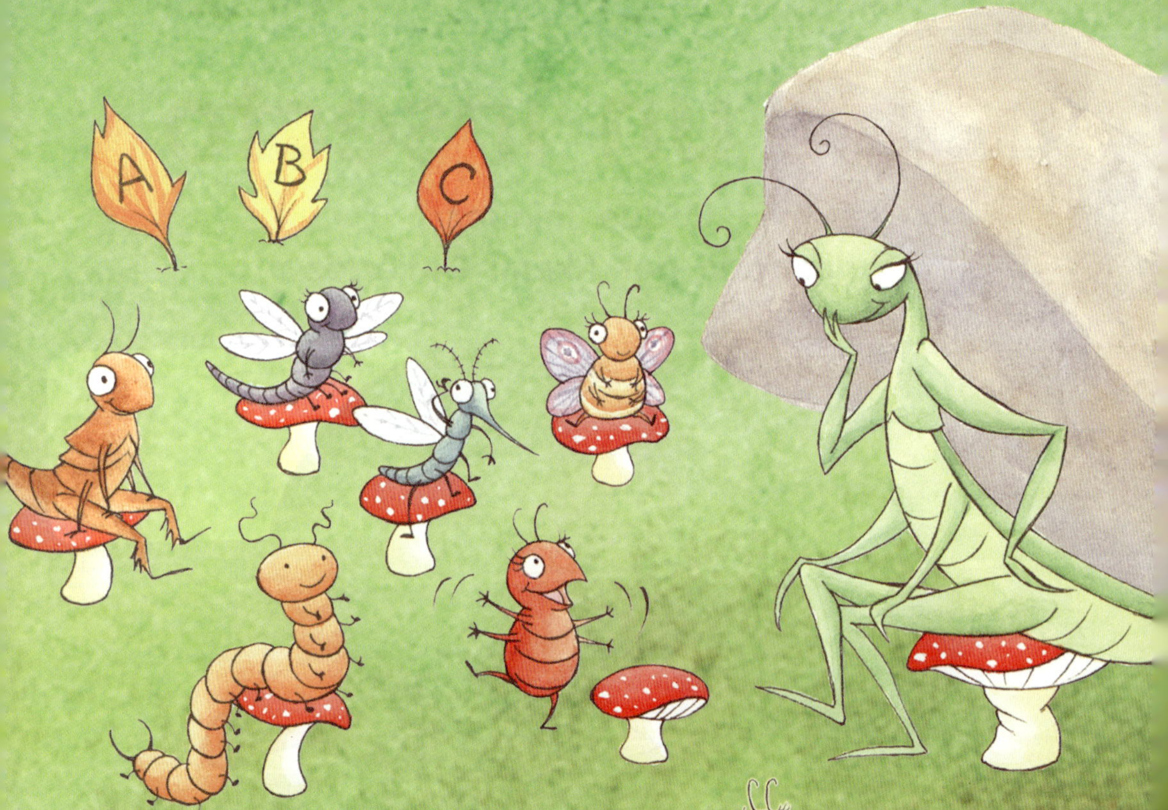

Yo soy la 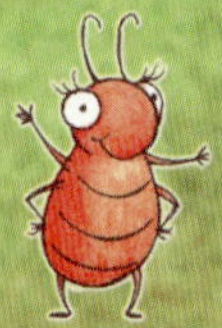 .

termita

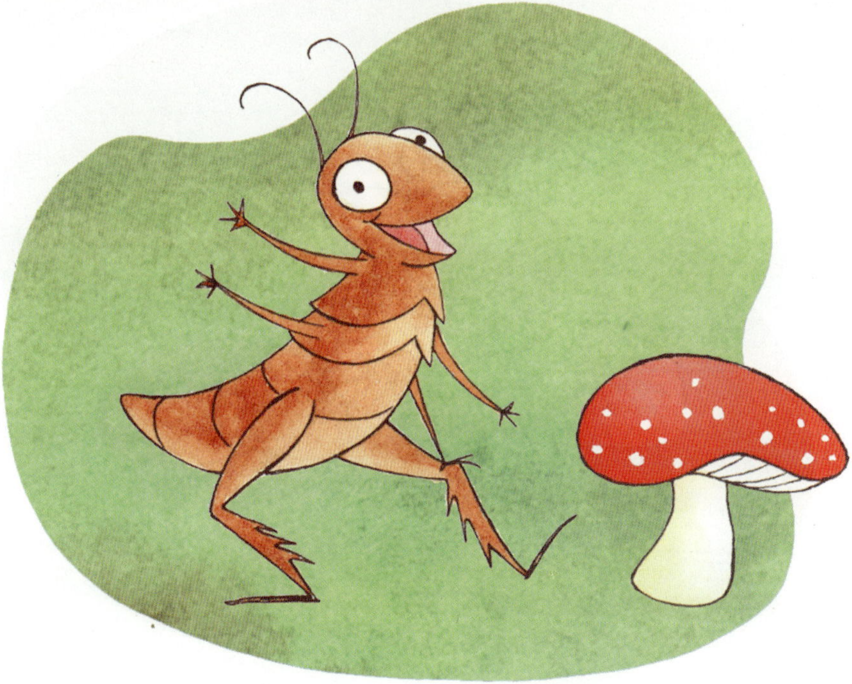

Yo soy el 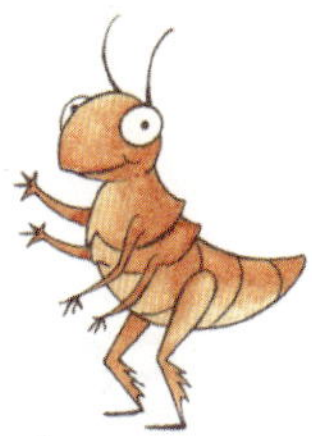 .

saltamontes

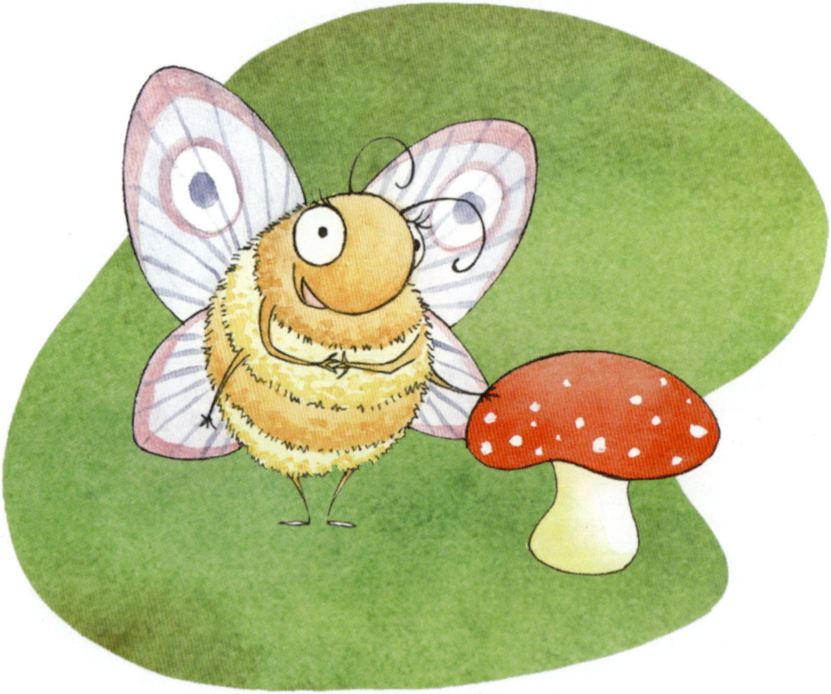

Yo soy la 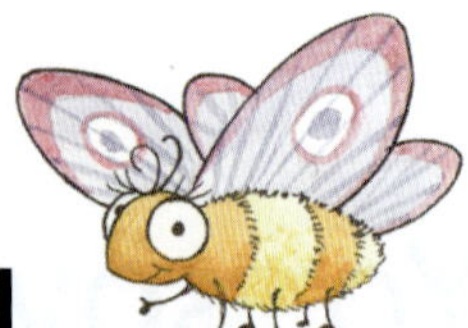 .

polilla

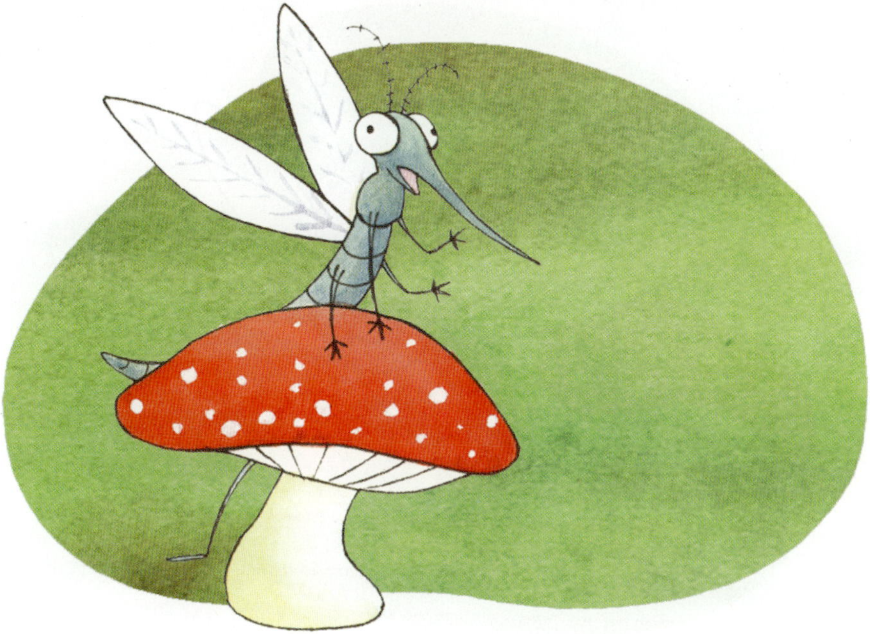

Yo soy el 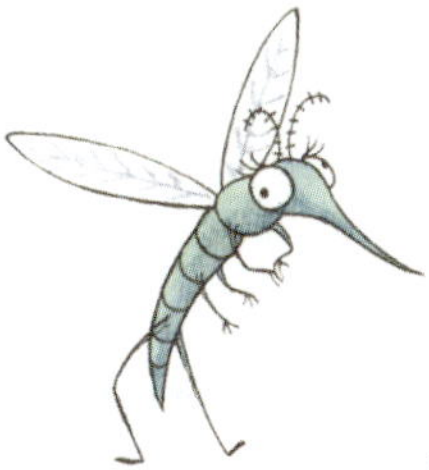 .

mosquito

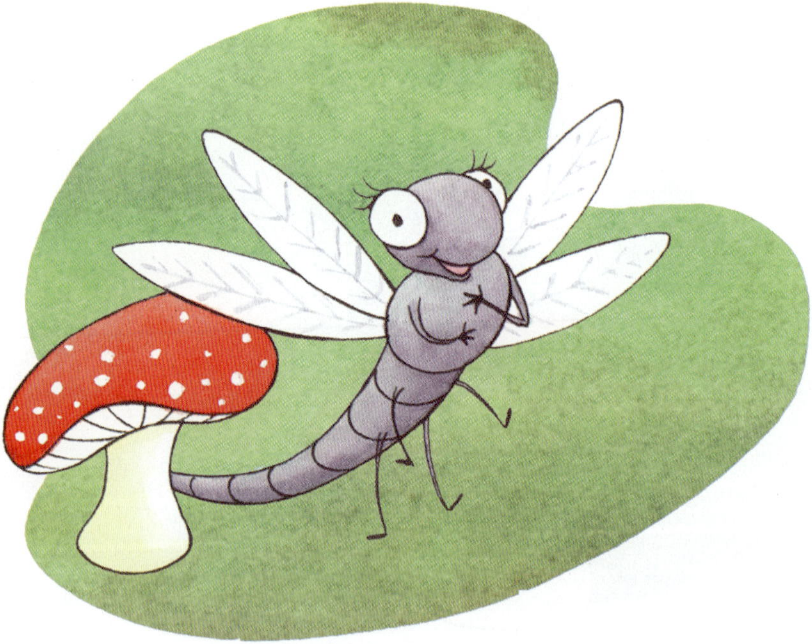

Yo soy la 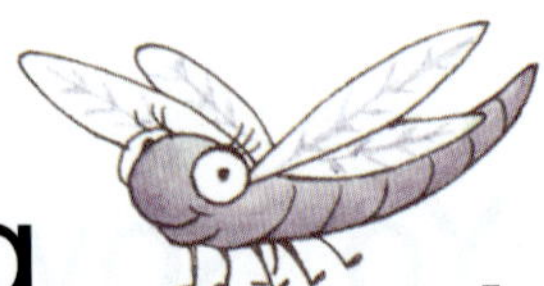 .

libélula

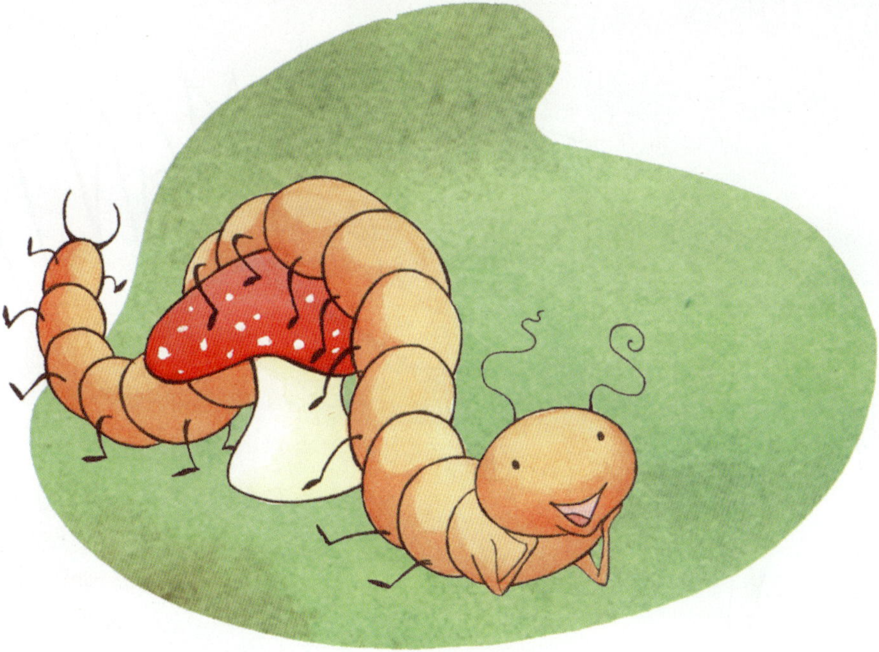

Yo soy el 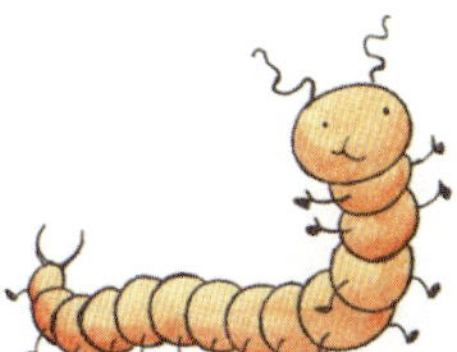 .

ciempiés

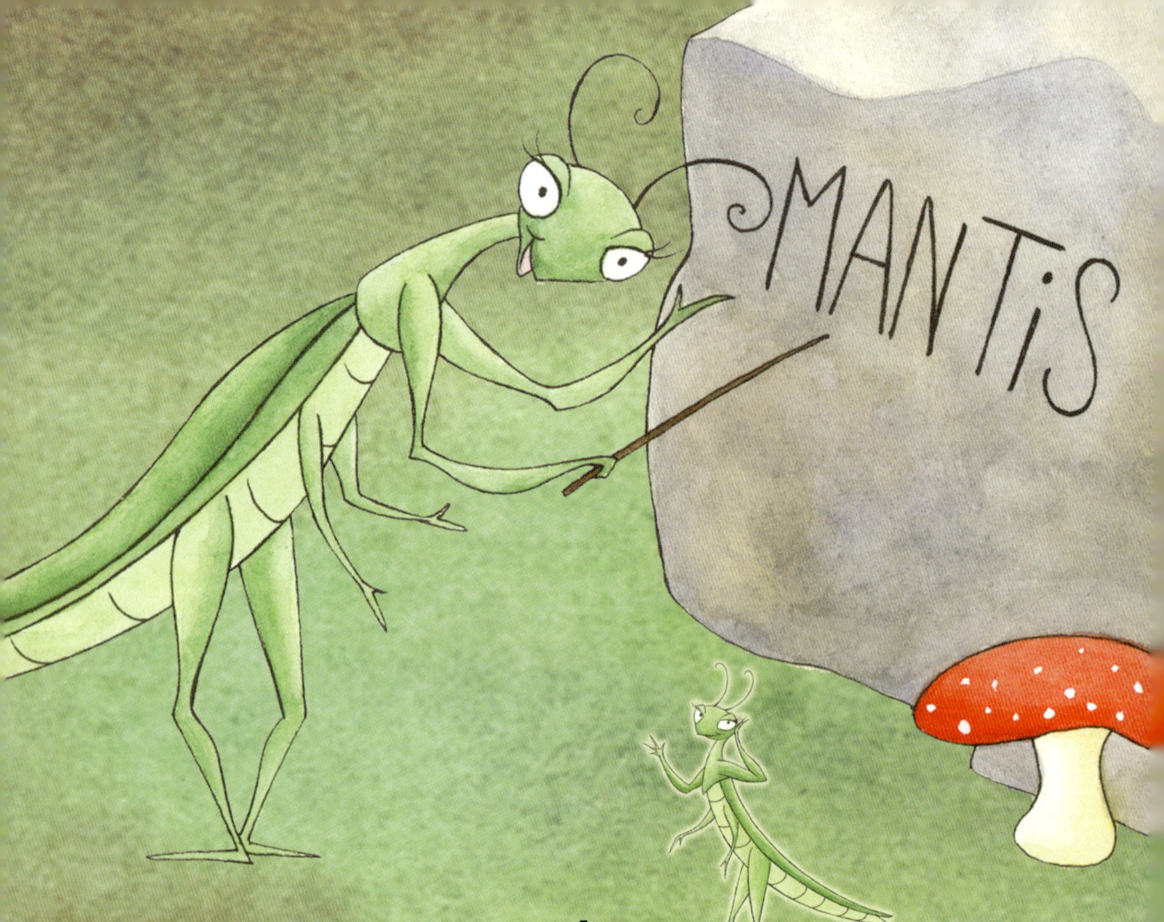

Yo soy la mantis.